Collana **Italiano Facile**
5° livello

Italiano Facile
Collana di racconti

Volumi pubblicati:

Dov'è Yukio? (1° livello)
Radio Lina (1° livello)
Il signor Rigoni (1° livello)
Fantasmi (2° livello)
Maschere a Venezia (2° livello)
Amore in Paradiso (2° livello)
Mafia, amore & polizia (3° livello)
Modelle, pistole e mozzarelle (3° livello)
L'ultimo Caravaggio (3° livello)
Mediterranea (4° livello)
Opera! (4° livello)
Piccole storie d'amore (4° livello)
Dolce vita (5° livello)
Un'altra vita (5° livello)

Progetto grafico, impaginazione
e note illustrate: Paolo Lippi
Copertina e illustrazioni: Alessandra Chiarlo
Si ringraziano Francesca Favia, Aurelia Giannaccheri
e Rita Luchetti
stampa: la Cittadina, azienda grafica - Gianico (Bs)
ISBN 88-86440-06-5

© Copyr. 1995 ALMA CERTOSA srl
Piazza Baldinucci 8/r
50129 Firenze - Italia
Tel. Fax 0039 055 476644
almaedi@tin.it
www.almaedizioni.it

Alessandro De Giuli
Ciro Massimo Naddeo

Dolce vita

ALMA Edizioni
Firenze

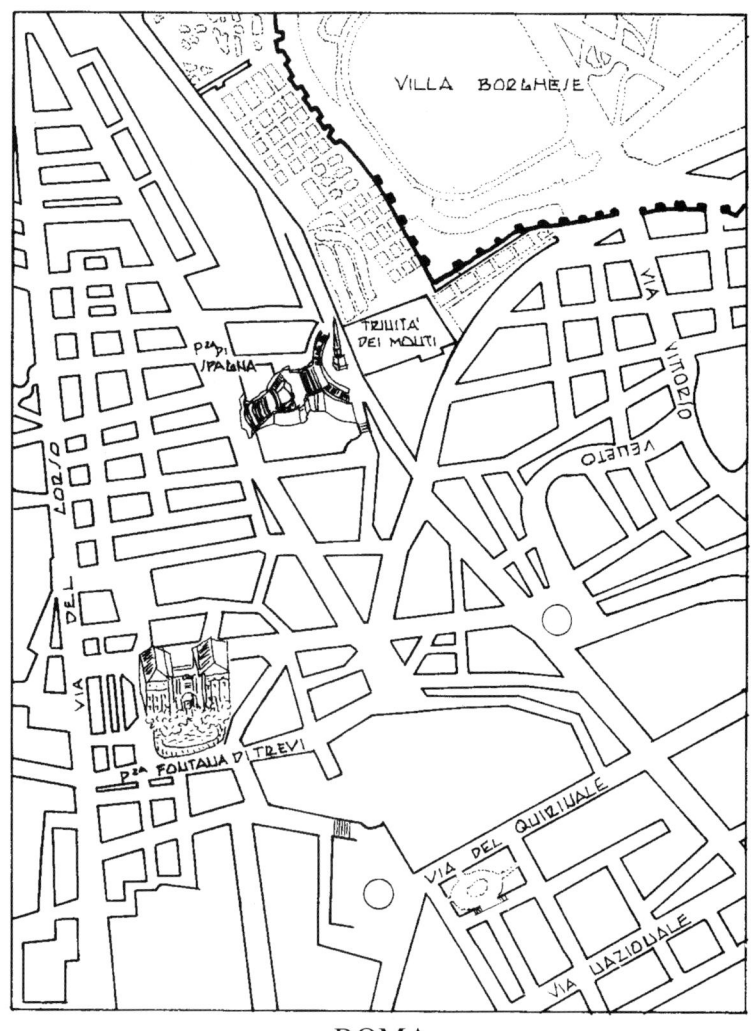

ROMA

"Erano i favolosi anni sessanta. A quel tempo Roma era magnifica, i giorni correvano felici e le notti sembravano senza fine. La sera si andava in via Veneto e si restava svegli fino al mattino. Tra feste e notti pazze, amori e scandali, nasceva la leggenda della dolce vita."

Paolo Binacci, fotografo

PAOLO

CAP I

Roma, 1960

-Ehi! - dissi.

La ragazza stava per terra, in mezzo alla strada. Non si muoveva. Mi avvicinai e le toccai il viso, ma un freddo violento mi attraversò il braccio.

"Dio mio." - pensai.

Avevo lavorato tutta la sera. Il giornale mi aveva chiesto alcune foto per la pagina degli spettacoli e così avevo fatto il giro dei **locali** di via Veneto alla ricerca di qualche personaggio famoso. Non era difficile trovarne; in quegli anni Roma era la capitale del cinema e via Veneto

---

locali: luoghi dove si va per bere, mangiare, ascoltare musica, ballare, ecc. Es.: *nelle grandi città, i locali sono aperti tutta la notte.*

Note

era la strada preferita dagli artisti. Nei bar e nei ristoranti s'incontravano donne bellissime e attori di successo, scrittori e **registi**.

Quella sera, perciò, ero riuscito a fare molte foto. Poi, mentre tornavo a casa, avevo visto la ragazza. Era vestita in modo elegante, con un **abito** che le lasciava scoperte le braccia e le spalle. All'inizio avevo pensato ad un incidente, ma nella via non c'erano macchine e tutto sembrava tranquillo.

Era passato un minuto ormai, e stavo fermo davanti a lei senza sapere cosa fare, quando la ragazza aprì gli occhi:

- Ciao. - disse.
- Ciao. Cosa ti è successo?
- Primavera...

Non capii. La aiutai ad alzarsi, ma di nuovo la sentii pronunciare quella strana parola:

- Primavera... - ripeté.
- Come dici?
- Niente, non importa. Sei stato gentile a fermarti, come ti chiami?
- Paolo.
- Io sono Nadia. Vieni, accompagnami a bere qualcosa.

CAP II

Sebbene fossi stanco e avessi voglia di tornare a casa, pensai che non ci sarebbe stato niente di male a bere un ultimo bicchiere prima di

---

registi: i direttori artistici di uno spettacolo (cinematografico, teatrale, televisivo, ecc.). Es.: *Federico Fellini e Roberto Rossellini sono stati dei grandi registi cinematografici.*
abito: vestito. Es.: *lo smoking è un abito molto elegante.*

Note

andare a dormire. E poi, - mi dissi - quella ragazza poteva avere bisogno del mio aiuto.

Così tornammo a via Veneto ed entrammo in un locale. Era tardi, ma c'era ancora molta gente. Un'orchestra stava suonando vecchie canzoni e alcune persone al centro della sala stavano ballando.

Dopo aver bevuto un Martini, ci sedemmo ad un tavolo.

- Va meglio adesso?

- Sì, grazie. Ora sto bene.

- Sei stata fortunata, lo sai? Se fosse passata una macchina ora non saresti qui.

- Già, invece sei passato tu. Meglio così.

Mi sorrise. Aveva un bel viso regolare e due occhi **vivaci** ed espressivi. I capelli, nerissimi, erano raccolti in uno **chignon** sopra la testa, secondo l'ultima moda. Sembrava molto bella.

- Mi puoi spiegare che cosa volevi dire, poco fa, con "primavera"?

- Nulla... Volevo solo dire che l'inverno è finito e che adesso è primavera.

- Non capisco.

- È semplice. Quando arriva la primavera perdo le forze. È il caldo.

- Ma stasera non fa per niente caldo.

- Ah no? A me sembrava di sì. Comunque lasciamo perdere. Lo sai cosa fa un **asino** al sole?

- No.

- Un asino al sole fa... ombra!

---

vivaci: pieni di vita, allegri, svegli. Es.: *Carlo e Marta sono due persone vivaci e con loro è facile divertirsi.*

chignon

asino

Mi guardò con il viso sorridente, soddisfatta della sua **battuta**.

- Ti è piaciuta? - mi chiese.

- Sì, non era male.

- Allora te ne dico un'altra. Ascolta: cosa fanno dieci **galli** sottoterra?

- Non lo so.

- Va bene, te lo spiego: dieci galli sottoterra fanno una... galleria!

Poi continuò: - E lo sai qual è la differenza tra un matematico e Elvis Presley?

- Qual è? - domandai, non sapendo cosa rispondere.

- È questa: il matematico conta, Elvis Presley canta!

Mi sorrise di nuovo. Io ero sorpreso; dentro di me mi chiedevo chi fosse quella ragazza, ma quel suo modo di fare, così naturale, mi piaceva.

- Lavori per un giornale? - mi chiese, guardando la mia macchina fotografica.

- Sì, fotografo i personaggi dello spettacolo.

- Allora sei un "**paparazzo**".

- Così ci chiamano.

- E ti piace?

- Cosa?

- Il tuo lavoro. Dev'essere interessante, immagino.

- Fotografare attori? Non direi. Io sogno di fare dei veri scoop, immagini importanti, non i soliti scandali. E poi gli attori e le attrici sono le persone più stupide che io conosca. Tu cosa fai?

---

battuta: scherzo, frase umoristica. Es.: *a teatro, per quella battuta, ho riso moltissimo.*

galli: i maschi delle galline.

paparazzo: fotografo di dive e attori. *Vedi scheda a pag. 55.*

Note

- Sono un'attrice.

- Ah, ecco... Volevo dire... Cioè, non tutti gli attori...

- Lascia stare. Guarda là, invece. C'è qualcuno che potrebbe interessarti.

Mi girai. Ad un tavolo dietro il nostro vidi Sophia Loretti, la grande stella del cinema. Era seduta insieme ad un uomo che non conoscevo. L'uomo parlava e la Loretti, come sempre bellissima, lo ascoltava ridendo. Sembrava si divertisse molto.

- Non la fotografi?

- Non ne ho voglia. Stasera ho lavorato già abbastanza. E poi mi è venuta ancora sete. Vado a prendere qualcos'altro, tu vuoi niente?

- No grazie, non sono abituata a bere.

- Dai, un bicchiere in più non ti farà male.

- E va bene.

Andai al bar e ordinai altri due Martini. Poi tornai da Nadia.

- Sono andati via. - mi disse.

- Chi?

- Sophia Loretti e il suo amico. Avresti dovuto fotografarli.

- Forse hai ragione.

- Comunque ora è troppo tardi. Ti va di ballare?

Ormai non avevo più sonno. E poi Nadia mi era simpatica e con lei cominciavo a star bene. Perciò le dissi di sì.

La musica adesso era cambiata. I sax spingevano con forza e disegnavano nell'aria melodie nervose. Erano i nuovi ritmi che in quegli anni arrivavano dall'America: il mambo, il twist, il rock'n'roll...

Io e Nadia ballavamo muovendoci leggeri. Ogni tanto tornavamo al tavolo per bere e riposarci, ma poi ci lasciavamo di nuovo prendere dal ritmo della danza. Alla fine, stanchi e felici, uscimmo dal locale per fare una **passeggiata**.

---

passeggiata: camminata, giro a piedi. Es.: *abbiamo fatto una passeggiata per il centro della città.*

CAP III

Era una notte chiara, piena di stelle. L'aria era fresca e profumata. Mentre camminavamo per le vie del centro, mi dicevo che ero stato molto fortunato: non mi succedeva tutti i giorni d'incontrare una ragazza bella e interessante come Nadia. **Tuttavia** non sapevo ancora niente di lei e avevo voglia di farle molte domande.

Dopo aver fatto un po' di strada, arrivammo alla piazza della Fontana di Trevi.

- È pieno di monete. - disse Nadia guardando nell'acqua.

- Sono i turisti che ce le lasciano. È una tradizione. Non lo sapevi?

- No, io non sono di Roma ed è la prima volta che vengo in questa piazza. Pensavo che l'avessi capito.

- E come? Non mi hai detto niente di te. Non so neanche cosa ci facessi in mezzo alla strada come una morta, poco fa.

- Te l'ho detto: la primavera. - mise una mano nell'acqua - Questa fontana è molto bella, vero?

- Sì, piace anche a me. - poi, continuando il discorso di prima: - E dove stavi andando a quell'ora, da sola?

- In albergo.

- In albergo? Allora non abiti a Roma.

- No, te l'ho appena detto.

Si sedette sul **bordo** della fontana.

- Così sei una turista. - dissi, cercando di avere altre informazioni.

- No, sono un'attrice. Anche questo te l'ho già detto.

- Un'attrice... E con chi lavori? Perché non mi parli un po' di te?

- Un'altra volta. Ora guarda.

---

tuttavia: ma, però. Es.: *non mi va di studiare, tuttavia devo farlo.*
bordo: parte esterna, limite. Es.: *la macchina si fermò sul bordo della strada.*

Note

Era tardi ormai. Nella piccola piazza c'era un grande silenzio. La luna, sopra di noi, mandava una luce bianchissima e la notte sembrava piena di un'energia misteriosa.

Nadia si levò le scarpe ed entrò nella fontana.

- Vieni. - disse.

La vidi camminare nell'acqua, mentre con le mani si bagnava il viso e le braccia.

- Vieni, - ripeté - è bellissimo.

La guardai ancora, non sapendo se andare o restare: non faceva freddo, ma certo non era estate. Poi mi decisi, entrai anch'io nella fontana e camminai fino al centro, nel punto in cui Nadia si era fermata ad aspettarmi. Adesso eravamo così vicini che i nostri visi si toccavano.

- Hai sentito?

- Cosa?

- Un rumore, proprio dietro di noi.

Ci girammo a guardare, ma non riuscimmo a vedere niente.

- Dev'essere stato un gatto. - disse Nadia - Dai, vieni qui.

La sua spiegazione non mi convinse. Guardai di nuovo e mi accorsi che in fondo alla piazza c'era qualcosa di strano; da quella distanza, però, non riuscivo a capire cosa fosse.

- Andiamo a vedere. - dissi.

- E se fosse pericoloso?

Mi sentii prendere da una sensazione poco piacevole. Uscimmo dalla fontana e lentamente ci avvicinammo. Il mio cuore batteva forte, quella "cosa" era là, in mezzo alla strada, e ad ogni passo diventava più chiara e visibile.

Dio mio, era il corpo di un uomo! Il corpo di un uomo senza testa!

CAP IV

Presi Nadia per mano e cominciai a correre. Volevo scappare, allontanarmi il più possibile da quel posto, e correvo veloce con tutte le forze che ancora mi erano rimaste.

Ma poi mi ricordai del giornale: no, non potevo andarmene senza prima aver fatto delle foto. Dissi a Nadia di aspettarmi e tornai indietro a fotografare quel corpo.

Era davvero uno spettacolo orribile, un uomo senza testa e dappertutto sangue, un mare di sangue... Sul braccio destro aveva un **tatuaggio**, il disegno di un uccello con la testa di donna. Non avevo mai visto niente di più terrificante nella mia vita.

Quanto rimasi davanti a quel corpo? Non ricordo, forse uno, due minuti; il tempo in quei momenti sembrava essersi fermato. So soltanto che quando tornai da Nadia, poco dopo, non trovai più nessuno.

- Nadia! - gridai - Dove sei?

La chiamai ancora molte volte, ma inutilmente. Intorno a me si vedevano solo le strade buie e deserte.

"Ed ora cosa faccio?" - mi dissi.

Nadia se ne era andata **all'improvviso**, così come era arrivata, ed io ero rimasto solo, nel cuore della notte, con i vestiti bagnati e il corpo di un uomo senza testa a pochi metri di distanza.

Pensai che la cosa migliore fosse **avvertire** la polizia.

---

tatuaggio: disegno fatto sulla pelle.
all'improvviso: in modo inaspettato, sorprendente. Es.: *Lucia se ne andò in modo inaspettato, senza dire niente.*
avvertire: informare. Es.: *devo avvertire mia moglie di non aspettarmi, arriverò a casa molto tardi.*

Note

CAP V

Il **commissariato** più vicino era a circa mezzo chilometro dalla piazza. Quando arrivai, fui sorpreso di non trovare nessuno davanti all'entrata. Suonai alla porta, ma poi vidi che era aperta ed entrai.

Nella prima stanza, seduto dietro un tavolo, c'era un poliziotto che dormiva.

- Ehi! - dissi - Si svegli!

L'uomo era un tipo basso di circa cinquant'anni. Alzò la testa e mi guardò con gli occhi rossi di sonno.

- Come ha fatto ad entrare?

- Sono entrato dalla porta. - risposi, senza pensare alla stupidità di quelle parole.

- Dalla porta... - ripeté - Naturalmente.

Si alzò dalla sedia e cercò di svegliarsi. Sembrava che la mia presenza non lo interessasse per niente.

- Ancora le tre... - disse guardando l'orologio - Queste notti non finiscono mai.

- Mi ascolti, è successa una cosa terribile.

- Non mi faccia ridere. Qui non succede mai nulla.

- Ma no, è la verità. Mi lasci spiegare...

- Va bene, L'ascolto. Io mi faccio un caffè, Lei lo vuole?

- Non c'è tempo.

- Io non riesco a star senza. Ne bevo almeno dieci al giorno.

Prese una caffettiera da un armadio e la riempì d'acqua.

- Mi stia a sentire. Sono venuto per dirvi che vicino alla Fontana di Trevi c'è un uomo...

Non riuscii a finire la mia frase.

---

commissariato: stazione di polizia. Es.: *i poliziotti hanno portato il ladro al commissariato.*

Note

- Lei fa bene, lo sa? A non berlo, voglio dire. Il caffè è come una droga. Mi scusi, cosa stava dicendo?

- C'è un uomo senza testa! - gridai - Dovete mandare qualcuno!

Con calma **esasperante**, il poliziotto continuò a preparare il suo caffè.

- Ha capito o no quello che ho detto? C'è il corpo di un uomo senza testa nella piazza della Fontana di Trevi!

- E Lei come fa a saperlo?

- Gesù! Ero là, nella fontana. L'ho visto!

La calma e la lentezza di quel tipo mi stavano innervosendo.

- Allora, se ho capito bene, Lei mi sta dicendo che c'è il corpo di un uomo nella fontana; e che Lei era nella piazza e l'ha visto.

- No, è esattamente il contrario: il corpo dell'uomo era nella piazza ed io ero nella fontana!

- Lei era nella fontana?

- Sì, guardi: ho ancora i vestiti bagnati.

- Ma non lo sa che è vietato? Dovrei farLe una **multa** per questo.

- Veramente...

- Va bene, lasciamo perdere... Che cosa ci faceva là dentro?

- Ero con un'amica, cioè non era proprio un'amica, in realtà la conoscevo appena...

Cercando di essere chiaro, raccontai al poliziotto il mio incontro con Nadia. Gli dissi che dopo aver bevuto qualcosa avevamo fatto una passeggiata fino alla piazza, che eravamo entrati nella fontana e che poi uscendo avevamo visto il corpo di quell'uomo.

- Ed io dovrei credere a questa storia? La Sua amica adesso dov'è?

- Non lo so. Se n'è andata quando ha visto quel corpo senza testa. E comunque non è una mia amica, gliel'ho già detto.

---

esasperante: che fa perdere la calma, che fa arrabbiare. Es.: *Giulio è una persona esasperante, arriva sempre in ritardo.*
multa: punizione in denaro, tassa. Es.: *la polizia mi ha fatto una multa di 100 mila lire, perché in quella strada non si poteva parcheggiare.*

- Penso che lei farebbe meglio ad andare a dormire. L'alcool a volte fa brutti scherzi.

- Ma Le ho detto la verità! C'è un uomo senza testa nella piazza! L'ho visto benissimo: aveva un tatuaggio sul braccio, era il disegno di un uccello con la testa di donna.

Mentre parlavo, mi accorgevo di quanto fosse difficile credere alla mia storia.

- Senta, glielo ripeto per l'ultima volta: vada a dormire e non ci pensi più. - si girò verso un altro poliziotto che in quel momento stava entrando nella stanza - Ah, ciao La Volpe.

- Ciao, Occhiofino. Che cosa succede?

- Questo signore dice di aver trovato il corpo di un uomo senza testa nella piazza della Fontana di Trevi.

- C'è un corpo nella fontana?

- Noooo! - gridai - Il corpo non è nella fontana... Ma insomma, volete muovervi?

Passò ancora molto tempo. Alla fine riuscii a convincere i due poliziotti che non stavo scherzando. Chiamarono altri uomini e con una macchina mi portarono nella piazza. Quando arrivammo, il corpo non c'era più.

CAP VI

Che cosa era successo? Chi aveva portato via quel corpo? Era davvero un mistero.

- Se voi non aveste perso tempo lo avremmo trovato. - dissi ai poliziotti.

Mi guardarono male. Ormai era chiaro che non mi avrebbero creduto.

Note

- Se ne vada. Per questa volta non Le faremo niente, ma si ricordi che gli scherzi come questo possono essere pericolosi.

Tornai a casa con la testa confusa. Sentivo nelle gambe tutta la stanchezza di quella lunga notte e ripensavo allo strano modo in cui era iniziata: il mio incontro con Nadia, il ballo nel locale, la passeggiata e il bagno nella fontana... L'avrei più rivista? Non sapevo niente di lei, a tutte le mie domande aveva dato solo delle risposte molto **vaghe**. In fondo, anche lei era un mistero.

Poi mi ricordai delle foto. Là c'era la dimostrazione che quel corpo senza testa non era una mia invenzione; vedendole sul giornale, finalmente la polizia mi avrebbe creduto.

"Sarà uno scoop eccezionale." - mi dissi - "Il direttore rimarrà sorpreso...".

Mi addormentai con questi pensieri. La mattina dopo presi la mia **Vespa** dal garage e andai al giornale. Prima di tutto passai da Silvestrini, il fotografo che si occupava dello **sviluppo**, e gli lasciai la **pellicola**.
- Quando le foto saranno pronte, portale subito al direttore. - gli dissi - È molto importante.

Poi andai nella mia stanza ad aspettare. Due ore dopo il direttore mi chiamò nel suo ufficio.

- Ho appena visto le Sue foto. - mi disse - Credo che Lei abbia fatto un ottimo lavoro.

---

vaghe: confuse, imprecise. Es.: *non sono riuscito a trovare via Veneto, le tue informazioni erano troppo vaghe.*

 **Vespa**: tipo di scooter.

sviluppo: stampa delle foto.
pellicola: film. Es.: *generalmente una pellicola ha 24 o 36 foto.*

- Grazie, direttore. È "**roba forte**", vero?

- Fortissima. Sophia Loretti sorpresa a baciare un altro uomo mentre il marito è in America. Sarà un vero scandalo, ho già detto di preparare l'articolo.

Non capii: di quali foto stava parlando? Perché non mi diceva nulla dell'uomo senza testa?

- Ma direttore... È sicuro di non sbagliarsi?

- Che cosa vuole dire? Si spieghi meglio.

- La Loretti e il suo amico... Io non ricordo di averli fotografati.

- Lei ha voglia di scherzare, spero. Sono le migliori foto che Lei abbia mai fatto. Venderemo migliaia di copie domani.

- E le altre... Non Le sembrano interessanti?

- Interessanti? Non direi. È tutta roba già vista. No, non c'è proprio niente di nuovo.

- Ma direttore... Il corpo senza testa...

- Il corpo senza testa? Di cosa sta parlando? Qui non si vede nessun corpo!

Mi sentii mancare le forze. Presi le foto dal suo tavolo e le guardai: c'erano quelle che avevo fatto prima di incontrare Nadia ed altre in cui si vedevano la Loretti e il suo amico baciarsi. Le foto di quel corpo, invece, erano scomparse.

CAP VII

"Devo restare calmo." - mi dicevo mentre uscivo dall'ufficio del direttore - "Ci sarà certamente una spiegazione a tutto questo".

Ma più ci pensavo, più non riuscivo a capire. Com'era possibile che

---

roba forte: roba importante, straordinaria.

Note

le foto di quell'uomo non ci fossero? E da dove venivano quelle della Loretti? Il mistero di quella notte stava diventando sempre più grande e ormai quel corpo senza testa sembrava esistere solo nella mia immaginazione. **Eppure** ero sicuro di averlo fotografato. Mi ricordavo benissimo che era là, nella piazza; e anche Nadia, come me, l'aveva visto. Già Nadia... Chissà dov'era adesso.

Tornai da Silvestrini e gli chiesi di poter controllare la pellicola. Volevo essere sicuro che non ci fosse stato qualche sbaglio nello sviluppo.

- Nessuno sbaglio, Paolo. Guarda: la tua pellicola finisce proprio con le immagini di Sophia Loretti. Sono le ultime foto che hai fatto. Come vedi non c'è nessun uomo senza testa.

Aveva ragione. Era proprio come diceva.

- Allora, ti sei convinto?

- Non so cosa dire, è incredibile...

- Se vuoi ti posso dare la pellicola, così te la guardi con più calma. Vedrai che alla fine ti convincerai.

- D'accordo, facciamo così.

Presi la pellicola e andai nella mia stanza. Avevo bisogno di stare da solo. Guardai il giornale e lessi qualche notizia: si parlava della guerra fredda tra Est ed Ovest, del **boom economico** e delle prossime Olimpiadi di Roma. Ma niente di tutto ciò m'interessava veramente, le immagini di quella notte continuavano ad occupare i miei pensieri.

In quel momento suonò il telefono.

- Pronto, chi parla?

- Sono io. - disse una voce di donna - Mi riconosci?

---

eppure: ma, però tuttavia. Es.: *sono stanco, eppure non riesco a dormire.*
boom economico: il grande sviluppo che caratterizzò l'economia italiana dal '58 al '63.

Note

- Nadia! Finalmente! **Dove sei finita** stanotte? Stai bene?

- Diciamo che sto bene. E tu?

- Sono confuso. Quel corpo non è stato trovato, anche le foto che gli avevo fatto sono scomparse... Nessuno vuole credermi. Mi devi aiutare, Nadia.

- Ma cosa dici...

- Adesso non posso spiegarti. Devo assolutamente vederti. È molto importante.

- D'accordo. Dove c'incontriamo?

- Conosci Piazza di Spagna?

- Sì.

- Allora vediamoci là.

- Va bene, tra un'ora sotto la **scalinata**.

CAP VIII

La Vespa correva veloce per le vie del centro. La telefonata di Nadia mi aveva sorpreso e adesso, mentre mi avvicinavo all'appuntamento, sentivo una strana emozione. Noi due eravamo i soli ad aver visto quel corpo e parlare con lei poteva aiutarmi a capire qualcosa di quella notte; e poi volevo chiederle perché se ne fosse andata in quel modo, lasciandomi solo. Al telefono non mi aveva dato spiegazioni.

Quando arrivai a piazza di Spagna Nadia non c'era ancora, così mi sedetti sulla scalinata e aspettai. A quell'ora la piazza era piena di

---

dove sei finita: dove sei andata. Es.: *dove sei finita? Non ti ho più visto.*

scalinata: scale. Es.: *La scalinata di piazza di Spagna, che in primavera è coperta di bellissimi fiori, sale fino alla chiesa di Trinità dei Monti.*

gente: molti turisti, soprattutto americani, e i soliti **pappagalli** che, con qualche frase in inglese, si proponevano come guide alle ragazze straniere.

Passò mezz'ora, poi un'ora, ma di Nadia nessun segno. Cominciavo davvero ad essere stanco di quella ragazza. Che cosa nascondeva? Era già la seconda volta che scompariva senza motivo. Mi chiedevo perché mi avesse telefonato e poi non fosse venuta. Certamente quel suo modo di fare non era normale. Avrei dovuto capirlo subito - trovandola **distesa** in mezzo alla strada, la sera prima - che in lei c'era qualcosa di poco chiaro: le domande che le avevo fatto erano rimaste tutte senza risposta e di lei non ero riuscito a sapere niente. Già, chi era veramente Nadia?

---

pappagalli: uomini che cercano facili avventure con le donne, la versione italiana dei playboy.

distesa (inf. distendere): allungata, sdraiata. Es.: *distesa sul letto, Maria dormiva profondamente.*

NADIA

CAP I

"Basta. **La faccio finita**. Non ne posso più di questa vita infelice. Adesso mi metto in mezzo alla strada e chiudo gli occhi. Sarà come addormentarsi. Una macchina che passa e in un momento tutti i miei problemi saranno risolti. No, meglio un camion: morte più veloce e sicura."

Decisa a morire, mi distesi sulla strada. Che stupida ero stata: venire a Roma per fare l'attrice; lasciare Rimini, la mia città, sognando di diventare una stella del cinema. Per tre mesi mi ero presentata ogni giorno a **produttori** e registi, nella speranza di avere una piccola **parte** in qualche film. Ogni volta, la stessa frase: «Le faremo sapere». Poi le settimane passavano e poiché la risposta non arrivava io capivo che quella parte era andata ad un'altra. Avevo speso in quel modo tutti i miei soldi e adesso non me ne rimanevano più neanche per pagare l'albergo. Poco male, tanto non ne avrei più avuto bisogno.

Immaginavo già i titoli dei giornali: «*Giovane attrice si uccide perché senza lavoro*», «*Sognava il successo, ha trovato la morte*»,

---

la faccio finita: mi uccido, finisco di vivere. Es.: *sono molto triste: se la mia vita continua così, la faccio finita.*

produttori: le persone che mettono i soldi per fare un film. Es.: *il cinema americano è finanziato dai grandi produttori di Hollywood.*

parte: ruolo, carattere. Es.: *in questo film, Marlon Brando ha una parte molto drammatica.*

Note

«*Decide di morire dopo un altro no dei produttori*». Almeno per un giorno sarei stata famosa.

Ero occupata in questi pensieri quando mi sentii toccare il viso da una mano. Chi poteva essere? Non sapendo cosa fare, rimasi ancora un po' con gli occhi chiusi. Poi li aprii. Davanti a me c'era un uomo di circa trent'anni. Mi aveva vista per terra e si era fermato ad aiutarmi.

"La mia solita sfortuna." - pensai - "E adesso cosa gli dico? Sarà meglio inventare qualcosa."

Dopo alcune parole confuse sul caldo e la primavera, mi alzai e gli chiesi di accompagnarmi in un bar.

CAP II

"Simpatico però. **Peccato** che la storia della primavera non lo abbia convinto. Era troppo assurda; neanch'io se me l'avessero raccontata ci avrei creduto. Ma che dovevo fare, non potevo certo dirgli la verità. Sarebbe stato peggio, avrebbe pensato che sono pazza. Comunque le mie battute gli sono piaciute, soprattutto quella dei galli. Si è visto da come rideva. Sì, è stata una buona idea quella di cambiare subito discorso, così non mi ha fatto più domande. Avrà pensato che sono un tipo originale. Del resto io sono fatta così, mi basta un po' di musica e un buon bicchiere e divento subito allegra. Adesso, per esempio, mi sento già meglio. Sarà stato quel Martini che ho bevuto. È stato gentile a offrirmelo. Come ha detto che si chiama? Paolo, mi sembra. Sì, Paolo. Fa il fotografo. Non avrei dovuto chiamarlo paparazzo, si sa che non è un bel nome. Certo che non è molto normale. Abbiamo Sophia Loretti proprio dietro di noi e lui, invece di fotografarla, se ne va al bar

---

peccato: mi dispiace. Es.: *peccato che tu non sia venuto, ti saresti divertito.*

a ordinare da bere. Io non lo capisco: Sophia Loretti, la stella del cinema, la grande diva, non un'**attricetta** qualunque; mi chiedo come si faccia a non fotografarla. E poi è insieme ad un uomo, e si vede benissimo che non è solo un amico ma qualcosa di più. Insomma, sarebbe un'ottima notizia per il suo giornale. Adesso che torna glielo dico di nuovo."

Non ci fu il tempo. Proprio in quel momento, infatti, vidi la Loretti e il suo amico baciarsi. Così non ci pensai due volte: presi la macchina fotografica che Paolo aveva lasciato sul tavolo e li fotografai. Una, due, tre foto... Davvero divertente fare il paparazzo!

I due, naturalmente, non furono contenti. Appena si accorsero della luce dei flash, si coprirono il viso con le mani e se ne andarono.

Decisi di non dire niente a Paolo. Il giorno dopo, guardando le foto, avrebbe avuto una sorpresa. Allora gli avrei telefonato spiegandogli tutto e lui certamente mi avrebbe ringraziato.

"In fondo la vita è semplice." - mi dissi - "Basta fare le cose giuste al momento giusto".

Aspettai che Paolo tornasse e gli chiesi di ballare.

CAP III

"Che notte orribile. Non la dimenticherò mai. Sembrava andare tutto benissimo e invece... Non capisco come sia potuto accadere, siamo rimasti tutto quel tempo nella piazza senza accorgerci che là, a pochi metri da noi, c'era il corpo di quell'uomo. Un corpo senza testa! Non ci posso pensare, quando l'ho visto mi sono sentita male, tutto quel

---

attricetta: attrice di poco valore. Es.: *crede di essere una grande diva, invece è solo un'attricetta.*

sangue sulla strada... Ero **paralizzata** dalla paura. Fortuna che Paolo mi ha presa per un braccio e mi ha gridato di scappare. Se no sarei ancora là. Già Paolo, chissà dov'è adesso."

Tornata in albergo, cercavo di addormentarmi. Non era facile dopo quello che era successo. La notte più incredibile della mia vita.

All'inizio era stata piacevole. Io e Paolo ci eravamo divertiti moltissimo a ballare quelle musiche suonate dall'orchestra. Avevamo riso e scherzato come matti. Poi eravamo usciti dal locale per fare una passeggiata. Di notte, con le chiese e i palazzi sotto la luce della luna, Roma è ancora più bella.

Camminando senza direzione eravamo arrivati alla Fontana di Trevi. Era la prima volta che la vedevo, da quando ero a Roma passavo le giornate tra **Cinecittà** e l'albergo, e la sera ero così triste che non avevo alcuna voglia di fare la turista. E poi conoscevo pochissime persone, in ogni caso nessuno con cui mi andasse di uscire. Ai produttori e ai registi che me lo chiedevano rispondevo sempre di no; si sa che tipi sono, di loro **non c'è da fidarsi**.

Paolo invece era diverso. L'avevo capito subito che con lui mi sarei trovata bene. Era simpatico e gentile, e non sembrava il solito pappagallo. Era molto curioso, però. Appena si era accorto che non ero di Roma aveva cominciato a farmi tutte quelle domande sulla mia vita: dove abiti, cosa fai, con chi lavori... Ma io, che non amavo parlarne, mi ero levata le scarpe ed ero entrata nella fontana. Mi succede sempre così quando bevo troppo, finisco per fare delle cose strane e pazze.

---

paralizzata: completamente ferma, bloccata. Es.: *Valeria ha avuto un incidente ed è rimasta paralizzata.*

Cinecittà: la zona di Roma dove si trovano gli studi cinematografici. Es.: *Cinecittà è la Hollywood italiana.*

non c'è da fidarsi: non si può essere sicuri. Es.: *stai attento con quell'uomo, è cattivo e violento: di lui non c'è da fidarsi.*

Note

In un primo momento Paolo era rimasto sorpreso, poi mi aveva raggiunto al centro della fontana. Era stato allora che avevamo sentito quel rumore. Forse era davvero un gatto o forse no, comunque eravamo usciti dall'acqua e in mezzo alla piazza avevamo visto quel corpo.

Non so se avete mai visto un corpo senza testa; beh, non è certo un bello spettacolo, l'unica cosa che si ha voglia di fare è scappare il più lontano possibile. Così, quando Paolo era tornato indietro per fare le foto, non avevo avuto il coraggio di aspettarlo. Invece di fermarmi, avevo continuato a correre fino a che non ero arrivata in albergo. Troppa paura.

Adesso, mentre mi giravo nel letto cercando di prendere sonno, ripensavo a quei terribili momenti. Mi chiedevo se avessi fatto bene ad andarmene in quel modo. Paolo era stato così gentile con me... Io, invece, lo avevo lasciato da solo in quella brutta situazione. Decisi che il giorno dopo gli avrei telefonato per avere sue notizie.

CAP IV

"Mi dispiace. Ho dovuto farlo. Quella parte per me è troppo importante. Non potevo certo perderla per andare da Paolo a Piazza di Spagna. E poi forse è meglio che il mio nome rimanga fuori da questa storia. A volte basta pochissimo per avere dei problemi, anche se si è **onesti** e non si è fatto nulla di male. Perciò niente polizia, né corpi senza testa, né scandali sui giornali. Il mio lavoro prima di tutto."

Era l'una e un quarto. Seduta sull'autobus per Cinecittà, mi ripetevo ancora una volta queste parole.

---

onesti: che rispettano la legge. Es.: *gli uomini onesti non rubano.*

Note

Quella mattina, dopo una notte in cui avevo dormito malissimo, avevo chiamato Paolo al giornale e gli avevo dato un appuntamento. Poi, proprio mentre stavo per uscire, era suonato il telefono. All'inizio non volevo crederci: «Lei è Federico Fellini? Non scherzi, per favore.» «Guardi signorina, che non sto scherzando.» Era proprio lui. Una voce bellissima, calda, interessante. Si sentiva subito che era un artista. E che artista! Un vero genio. Veramente con me non aveva parlato molto. «Lei è libera?», mi aveva chiesto. «Sì, certo.» «Bene, venga tra un'ora a Cinecittà per firmare il contratto. Arrivederci.» Poche parole, ma ben dette.

Era successo che un'attrice del suo nuovo film si era ammalata e ora c'era bisogno di una sostituta. Una fortuna come quella non l'avevo mai avuta. Per questo non volevo perderla. Così, per avvertire che non sarei andata all'appuntamento, avevo subito richiamato il giornale. Troppo tardi però: Paolo era già uscito. Poveretto. Mi chiedevo se l'avrei più rivisto. Era già la seconda volta che lo lasciavo da solo. Non doveva certo avere una buona opinione di me. E poi al telefono, quando ci eravamo parlati, mi era sembrato molto nervoso. Lo capivo, quella storia era davvero un mistero: chissà chi era quell'uomo e perché era stato ucciso. Ed era anche strano che il suo corpo non fosse stato trovato. Comunque ora era meglio non pensarci. L'autobus era quasi a Cinecittà: ancora due fermate e avrei conosciuto Fellini, il grande regista.

PAOLO

CAP I

"Ormai non verrà più." - mi dissi.

Seduto sulla scalinata di piazza di Spagna, avevo aspettato a lungo l'arrivo di Nadia; avevo ripensato al nostro incontro e alla misteriosa telefonata della mattina. Adesso, mentre me ne andavo, mi chiedevo se l'avrei più rivista. Anche se era un po' strana, in fondo quella ragazza mi piaceva.

Quando arrivai davanti al palazzo del giornale, poco dopo, fui fermato da un uomo che stava vicino all'entrata. Era alto e grosso, con il viso grande e la testa **pelata**.

- Buongiorno. - mi disse - Mi chiamo Orlando.

Non ricordavo di averlo mai visto.

- Aspettava me? - domandai, un po' sorpreso.

Senza rispondere, l'uomo mi prese per un braccio e mi invitò a seguirlo.

- Scusi, dove mi sta portando? - chiesi, mentre attraversavamo la strada.

- Venga con me, non faccia domande.

- Ma io non La conosco! Non so chi sia!

- Gliel'ho detto: mi chiamo Orlando.

Si fermò vicino ad un'elegante macchina nera. Attraverso i vetri scuri, vidi qualcuno seduto dentro.

- Insomma, mi vuole spiegare cosa vuole da me?

---

pelata: senza capelli. Es.: *mi sono caduti tutti i capelli e ora ho la testa pelata.*

- Prima mi dica una cosa: secondo Lei chi è la più grande attrice italiana?

- Lei è pazzo.

- Le assicuro che non sono pazzo. Allora, chi sceglie: Sophia Loretti, Anna Magnani, Monica Vitti?

- Senta, se non mi lascia andare chiamo la polizia!

- Risponda, per favore.

- E va bene: Sophia Loretti.

- Bravo, anch'io avrei detto lo stesso.

Sembrava molto soddisfatto della mia risposta.

- Mi vuole spiegare cos'è questa storia? Chi è Lei?

- Sono Orlando, l'**autista** della signora Loretti. Prego, salga in macchina.

- Io non salgo da nessuna parte. Non ho tempo da perdere con i pazzi come Lei.

Stavo per andarmene, quando sentii una voce femminile venire dalla macchina:

- Salga, per favore. Orlando, apri la porta al signore.

Era la voce di Sophia Loretti!

Salii sulla macchina e mi sedetti accanto all'attrice. Ero emozionato: vedendola così da vicino, sembrava molto più bella che in fotografia.

- Mi scusi per Orlando, non è cattivo. Lei ha fretta?

- No, ma non capisco...

- Capirà, non si preoccupi. Tra poco Le spiegherò tutto. - poi, parlando all'autista: - Possiamo andare, Orlando.

La macchina partì prima che io potessi dire qualcosa.

- Le offro un piccolo giro della città. Giusto il tempo di **fare due chiacchiere**. Le piace il cinema?

---

autista: chi guida una macchina. Es.: *Maria è molto ricca: ha anche un autista.*
fare due chiacchiere: parlare, discutere un po'. Es.: *sono stato al bar a fare due chiacchiere con gli amici.*

Note

Dolce vita

35

- Certo.

- Allora mi avrà già visto in qualche film, immagino.

- Naturalmente, i Suoi film li ho visti tutti: quelli con Antonioni, Visconti, De Sica, Rossellini...

- Benissimo. È bello sapere che il pubblico ti segue. Quando si arriva al successo, si ha sempre paura di perderlo. Lo sa cosa si dice nel nostro mondo?

- No.

- Che il successo è come un bel sogno: un giorno ti svegli, e ti accorgi che tutto è finito; nessuno ti chiama più, nessuno ti riconosce; in un momento, **si passa dalle stelle alle stalle**. - si girò verso l'autista - Orlando, dammi una sigaretta, per favore.

- Subito signora.

Continuando a guidare, l'autista le accese una sigaretta.

- Mi è venuta voglia di fumare. Mi scusi, cosa stavo dicendo?

- Il successo...

- Ah sì, il successo. Bisogna stare attenti, perché può finire da un giorno all'altro. Prenda quell'attrice americana, per esempio, quella che ad Hollywood adesso è la grande diva... Come si chiama...

- Marilyn Monroe?

- Esatto, Marilyn Monroe. Oggi tutti ne parlano, ma fra qualche anno chi si ricorderà più di lei?

- Ma, non so...

- Su, risponda.

- Nessuno?

- Proprio così: nessuno.

Mentre parlava, mi chiedevo dove volesse arrivare con quel discorso.

- Lei si starà chiedendo dove voglio arrivare con questo discorso.

- No, no...

---

si passa dalle stelle alle stalle: si cade molto in basso, si scende giù.

Note

- Glielo dirò subito. Ci sono delle regole che un'attrice deve rispettare, se vuole che il suo successo non finisca troppo presto. Lei sa qual è la prima regola?

- Ma... Forse fare dei bei film.

- Sbagliato. La prima regola è questa: niente scandali. Non pensi che sia facile rispettarla. Uno scandalo può nascere in qualsiasi momento. Basta poco, delle foto su un giornale, per esempio.

"Ancora quelle stupide foto." - pensai.

La macchina intanto continuava il suo giro della città, dopo Trastevere adesso stavamo passando per San Pietro.

- Ho parlato con il Suo direttore. È un uomo molto gentile: non le pubblicherà.

- Lei lo ha convinto? E come ha fatto?

- Diciamo che ho usato dei buoni argomenti. Tutte le cose hanno un prezzo, mi creda.

Mi guardò, aspettando una mia reazione. Poiché non dicevo niente, aprì una borsa e continuò il suo discorso:

- Ecco, queste sono le Sue foto. Devo dire che quando il Suo direttore me le ha date, poco fa, mi sono sentita molto meglio.

- Così le ha Lei. Cosa vuole da me, allora?

- La sola cosa che ancora mi manca: la pellicola.

Certo, la pellicola. Era quella la cosa più importante.

- Ce l'ha qui?

- No.

- Sono pronta a pagargliela molto bene. Mi dica quanto vuole e non parliamone più.

Rimasi in silenzio, senza rispondere.

- Allora, quanto? Un milione? Due milioni?

- Non lo so. Davvero.

- Tre milioni? Le darò quello che vuole. Basta che Lei me lo chieda.

- Le sembrerà strano, ma io quelle foto non ricordo di averle mai fatte.

- Sta cercando di dirmi che non ha la pellicola?

- No, non proprio.

- Glielo ripeto un'ultima volta: Le darò molti soldi. Ci pensi bene prima di dirmi di no.

- Ci penserò, stia tranquilla.

- Bene, sono sicura che presto ci metteremo d'accordo. Quando avrà deciso, venga a trovarmi a Cinecittà, sul set del mio ultimo film. Sto lavorando con Federico Fellini, lo conosce?

- Certo, è il più famoso regista italiano.

- Esattamente.

Dopo qualche minuto, la macchina si fermò di nuovo davanti al giornale. Orlando scese e mi aprì la porta. Il nostro incontro era arrivato alla fine.

CAP II

Tornato al giornale, mi chiusi nella mia stanza e tirai fuori la pellicola. Volevo controllarla un'ultima volta, per cercare di capire meglio tutta quella storia. Continuavo a non ricordare di aver fatto quelle foto alla Loretti, mentre ero sicurissimo di aver fotografato il corpo senza testa. Certo, quella sera avevo bevuto qualche bicchiere, ma mi sembrava impossibile aver confuso tutto.

Così mi avvicinai alla finestra e riguardai quelle immagini. Le osservai a lungo, fino a quando la mia attenzione si fermò sull'amico della Loretti. Qualcosa mi colpì ma, poiché non riuscivo a vedere chiaramente, andai di nuovo da Silvestrini e gli chiesi di fare degli **ingrandimenti**.

- Ancora con questa roba? Ma non ti hanno detto che non verrà pubblicata?

- Lo so, lo so, non importa. Fa' come ti ho detto.

Silvestrini si accese una sigaretta. Poi prese la pellicola, spense la luce e cominciò a lavorare.

- Dovevi esserci oggi. - disse - La Loretti è venuta a parlare con il direttore e in pochi minuti lo ha convinto. È proprio vero che tutto ha un prezzo. Però la capisco, con il marito che ha... Sembra che sia gelosissimo. Sarebbe successo uno scandalo se l'avesse vista baciarsi con questo attore.

- Ah, è un attore? E tu come lo sai?

- Ma... Stamattina al giornale ne parlavano tutti. Credo che si chiami Marcello Mastronardi o qualcosa del genere. Anche lui sta lavorando all'ultimo film di Fellini. - accese la luce, gli ingrandimenti erano pronti - Eccolo qua, te lo puoi guardare bene adesso, il nostro latin lover.

Mi bastò uno sguardo per capire. Era proprio come pensavo.

- Lo stesso tatuaggio sul braccio! - gridai - Un uccello con la testa di donna!

- Cosa?

- Te lo spiego un'altra volta, ora non ho tempo.

Lo salutai velocemente e corsi in strada a prendere la Vespa.

Dunque non lo avevo immaginato, l'uomo con il tatuaggio esisteva davvero. Quel corpo senza testa che avevo visto nella piazza (sì, lo avevo visto, ormai ne ero sicuro) finalmente aveva un nome: era Marcello Mastronardi, l'amico della Loretti!

---

ingrandimenti: foto più grandi. Es.: *queste foto di Laura sono molto belle, voglio farne degli ingrandimenti.*

Note

Ora capivo anche perché l'attrice fosse pronta a pagare così tanto per avere la pellicola: quelle foto erano la dimostrazione che Mastronardi era con lei prima di essere ucciso. Era lei l'**assassina**? E se non era lei, che cosa sapeva di tutta quella storia? Dovevo vederla.

---

assassina (masch. assassino): persona che ha ucciso. Es.: *quella donna è un'assassina, ha ucciso due uomini.*

SOPHIA LORETTI

CAP I

"Idiota. Non capisco come abbia potuto. Baciarmi in quel modo davanti a tutti. Ha pensato che fossi innamorata di lui, lo stupido. E solo perché gli avevo detto che era simpatico, niente di più. Così domani ci saranno le nostre foto sui giornali. Perfetto. Mio marito sarà contento."

Ero **furiosa**. Non avrei mai immaginato che Marcello arrivasse a tanto. Se lo avessi saputo, certamente non avrei accettato il suo invito.

Quella sera avevamo lavorato fino a tardi. Con tutta la troupe ci eravamo spostati nel centro di Roma per filmare alcune **scene**. Alla fine, quando Fellini aveva dato lo stop e tutti si preparavano ad andarsene, Marcello si era avvicinato:

- Beviamo qualcosa prima di tornare a casa? - mi aveva chiesto.

Non mi era sembrata una cattiva idea. Con lui mi trovavo bene. In quei giorni passati sul set era sempre stato molto gentile e tra noi era nata una certa amicizia.

Così avevamo passeggiato fino a via Veneto ed eravamo entrati in un locale.

Nonostante l'ora tarda c'era ancora molta gente. Tra le persone sedute intorno ai tavoli si respirava quell'aria di dolce allegria tipica degli anni del boom. C'erano i soliti personaggi delle notti romane: attricette in

---

furiosa: molto arrabbiata. Es.: *Maria era proprio furiosa: ha urlato come una pazza contro tutto e tutti.*

scene: le parti in cui è diviso un film. Es.: *in quel film ci sono delle bellissime scene d'amore.*

Note

cerca di pubblicità con i loro produttori, playboy, **vitelloni**, ricchi industriali e, naturalmente, paparazzi.

Io e Marcello avevamo parlato a lungo, spesso scherzando sui lati più divertenti del nostro lavoro. Avevamo riso del tatuaggio che lui doveva portare sul braccio per **interpretare** il suo personaggio, degli altri attori che lavoravano con noi nel film e anche di Fellini, che ci obbligava a ripetere molte volte le scene perché non era mai soddisfatto. Poi, dopo aver bevuto qualche bicchiere, Marcello mi aveva sorpresa con quel bacio. Era stato così inaspettato che non avevo avuto il tempo di reagire. Solo quando avevo visto le luci dei flash ero riuscita ad alzarmi e - coprendomi il viso con le mani - ero corsa via.

Marcello mi aveva seguita per la strada e aveva detto qualcosa per scusarsi, ma io gli avevo dato uno **schiaffo**. Infine avevo chiamato Orlando e gli avevo chiesto di aiutarmi.

Ora, tornata a casa, cercavo inutilmente di prendere sonno. Il pensiero di quello che era successo non mi lasciava dormire e poi, in ogni caso, non potevo permettere che i giornali pubblicassero quelle foto.

"C'è solo una cosa da fare:" - mi dissi - "trovare chi le ha fatte e convincerlo a darmele."

---

vitelloni: persone che pensano solo a divertirsi. *Vedi scheda a pag. 55.*
interpretare: recitare, fare la parte di. Es.: *solo un grande attore può interpretare bene il personaggio di Amleto.*

 **schiaffo**

CAP II

- Vuole che **gli dia una lezione**, signora?

In piedi davanti alla macchina, dall'alto dei suoi due metri, Orlando aspettava con impazienza una mia risposta. L'uomo di cui parlava era il paparazzo. La mattina, infatti, dopo essermi svegliata, avevo di nuovo chiamato il mio autista e gli avevo spiegato il mio problema.

- È un lavoretto **da niente**. Se mi dice dove posso trovarlo ci vado subito.

- No, Orlando. Non è necessario.

- Non gli farò molto male.

- Avevi detto così anche un mese fa, quando hai mandato all'ospedale quel giornalista del Corriere della Sera.

- Il suo articolo non mi era piaciuto. Aveva scritto che Lei non è una grande attrice e quando qualcuno scrive questo io mi arrabbio.

- Hai ragione, non era un buon articolo.

- Allora, posso andare?

- Dove?

- Dal paparazzo.

- Ti ho già detto di no.

- Come vuole. Comunque, se cambia opinione, io sono pronto.

- Grazie Orlando, è gentile da parte tua.

- E allora, come facciamo per le foto?

- Ho un'idea, è per questo che ti ho chiamato.

Poco prima avevo parlato con un mio amico giornalista. Grazie a lui ero riuscita a sapere il nome del giornale che stava per pubblicarle. Perciò chiesi a Orlando di accompagnarmici.

---

gli dia una lezione: "dare una lezione a qualcuno" = punire. *Es. Signora, se suo figlio non fa il bravo, gli dia una lezione.*
da niente: molto facile, semplice.

Note

Il direttore, - un tipo poco interessante di mezza età - quando mi vide entrare nel suo ufficio mi salutò con un sorriso **ipocrita**.

- Signora Loretti, è un grande piacere averLa qui. Prego, si accomodi.

Sgusciò intorno al tavolo e con un rapido movimento del braccio mi prese una sedia. Poi guardò Orlando, che era rimasto fermo accanto alla porta.

- Il signore è con Lei?

- Mi chiamo Orlando. Piacere di conoscerLa.

- Piacere, piacere... Prego, se gentilmente mi lascia la mano...

Si liberò di Orlando, che lo teneva con forza, e prese una sedia anche per lui.

- È il mio autista. - dissi.

- Ah, il Suo autista... Magnifico...

Ci fu un momento di silenzio, in cui tutti ci guardammo. Poi domandai:

- Lei sa perché sono qui?

- No, me lo stavo chiedendo: perché è qui?

- Così, volevo farLe una sorpresa.

- Una bellissima sorpresa. Veramente.

Mi guardò di nuovo con quel suo sorriso ipocrita.

- Non faccia lo stupido. Lei sa benissimo perché sono qui.

- No, davvero. Le ho detto che non lo so.

- Ne è sicuro?

- Sicurissimo.

Poiché continuava in quel modo, mi girai verso Orlando:

- Hai sentito Orlando? Dice che non lo sa.

- Già, non lo sa.

- E adesso come facciamo?

---

ipocrita: falso, bugiardo. Es.: *sei un ipocrita, non dici mai quello che pensi.*
sgusciò (inf. sgusciare): scivolare, muoversi in modo rapido e silenzioso. Es.:
il serpente sgusciò dietro l'albero.

- Glielo spiego io. - rispose Orlando, alzandosi dalla sedia.

L'uomo diventò **pallido**.

- Un momento. Ora che ci penso credo di saperlo. È per quelle foto, non è vero?

- Bravo, vedo che cominciamo a capirci.

- Come Lei sa, i nostri lettori amano leggere tutto quello che riguarda la vita dei personaggi famosi. È per questo che il mio giornale pubblica spesso questo genere di cose. Poco fa ho visto quelle foto e pensavo che...

- Lei pensa troppo.

- Come dice?

- Dico che Lei pensa troppo e a volte questo non fa bene alla salute, vero Orlando?

- Verissimo. A volte fa molto male.

L'uomo ci guardò con un'espressione preoccupata.

- Lei lo sa che in Italia c'è il boom? - domandai.

- Cosa?

- Il boom: lavoro, ricchezza, vita migliore per tutti.

- E allora?

- Non le sembra una buona notizia? Sono sicura che domani il Suo giornale uscirà con una pagina intera su questo argomento così interessante.

- Veramente...

- Glielo dico io. Invece di quelle stupide foto, una bella pagina di economia. Vedrà che sarà un grande successo, al pubblico piacerà.

- Lei vuole scherzare.

- Per niente e glielo dimostro subito. Orlando, tu cosa preferisci: le foto o il boom?

---

pallido: bianco, senza colore. Es.: *Mario non sta bene, è molto pallido.*

- Io preferisco il boom.

- Visto? Anche il pubblico è d'accordo. Mi dia quelle foto e sarà meglio per tutti.

L'uomo, sempre più nervoso, mi guardò malissimo. Ma quando tirai fuori il portafoglio, cambiò espressione.

- Forse la Sua idea non è così cattiva. - disse.

- Ne ero sicura.

Ci mettemmo d'accordo in pochi minuti. Poi, per avere anche la pellicola, incontrai il paparazzo che ci aveva fotografati nel locale. Un tipo strano, che cercò in vari modi di alzare il prezzo. Discutemmo un po', infine lo salutai dicendogli che avrei aspettato una sua risposta.

Più tardi Orlando mi accompagnò a Cinecittà. Vestito di nero, con un grande cappello sulla testa e un sigaro in bocca, trovai Fellini già pronto sul set. Stava dando gli ultimi ordini alla troupe. C'era anche una nuova ragazza, una certa Nadia, che era stata chiamata per sostituire un'attrice che si era ammalata. Mi sembrò simpatica, anche se un po' emozionata per la sua prima giornata di lavoro.

Solo Marcello mancava: poiché era sempre stato molto puntuale, tutti si chiedevano dove fosse.

CAP III

- Signora Loretti!

Avevo appena finito di cambiarmi e stavo andando sul set per **girare** la prima scena, quando sentii qualcuno chiamarmi. Era di nuovo il paparazzo del giornale. Pensando che fosse venuto per darmi la pellicola, andai a salutarlo.

---

girare: filmare.

- Mi fa piacere vederLa. Ha portato quello che Le ho chiesto?

Mi rispose con voce stranamente dura:

- Prima mi dica cosa sa di questa storia, poi parliamo della pellicola.

- Quale storia...

- Sa benissimo cosa voglio dire. O forse preferisce parlarne direttamente alla polizia? Sono sicuro che quelle foto sarebbero molto interessanti per loro.

- Lei sta facendo un grosso sbaglio. Non so di cosa stia parlando.

- D'accordo, non vuole capire. Allora glielo spiego meglio: dov'è Mastronardi?

Quel suo modo di fare m'innervosì. Perciò alzai la voce e dissi:

- Senta, se è venuto per vendermi la pellicola va bene; se invece è qui per parlarmi di quello stupido di Mastronardi, allora non ho tempo da perdere; dopo quello che ha fatto, per me potrebbe anche essere morto.

- È esattamente quello che volevo sentirLe dire. Dunque lo ha ucciso.

- Ma cosa ha capito, è un modo di dire... Non so dove sia. Oggi pomeriggio doveva venire qui a Cinecittà, ma non è ancora arrivato.

- Così non c'è... Che strano, no? Ma Lei, naturalmente, non ne sa niente.

- Mi lasci in pace.

- Problemi, signora? - la voce di Orlando ci sorprese da dietro.

- Orlando, questo signore **mi sta infastidendo**.

- Ci penso io.

Senza dire altro, Orlando prese il paparazzo per la camicia e lo alzò da terra.

- Ehi, dica a questo "coso" di mettermi giù!

- Chieda scusa alla signora.

---

mi sta infastidendo (inf. infastidire): mi sta disturbando.

- Io non chiedo scusa a nessuno!

- Mettilo giù, Orlando.

Orlando lo lasciò. La faccia del paparazzo era diventata rossa per la rabbia e la paura.

- Anche questo dovrà spiegarlo alla polizia. - disse, mentre si sistemava la camicia.

Intanto, le nostre grida avevano richiamato l'attenzione della troupe e intorno a noi era arrivata molta gente.

- Paolo! Cosa ci fai qui?

Era Nadia, la nuova attrice.

- Cosa ci faccio io? Cosa ci fai tu, invece!

- La conosce? - chiesi.

- Sì, la conosco. È cominciato tutto da quando l'ho incontrata.

Arrivò anche Fellini:

- Si può sapere cosa sta succedendo?

- Marcello Mastronardi è morto. - disse il paparazzo.

Tutti si guardarono meravigliati. Evidentemente nessuno si aspettava quella notizia.

- È per questo che oggi non è venuto. - continuò - Qualcuno lo ha ucciso ieri sera, lasciandolo senza testa nella piazza della Fontana di Trevi. Una morte orribile, non è vero signora Loretti?

- Ora basta! - gridai.

Ma il paparazzo continuò:

- È stata Lei a dire al Suo autista di ucciderlo. Non gli **aveva perdonato** di averla baciata davanti a tutti, in quel locale di via Veneto.

Sentendo quelle parole, tutti si girarono verso di me e Orlando. Aspettavano una mia reazione, qualcosa che spiegasse le frasi di

---

aveva perdonato (inf. perdonare): aveva scusato, aveva accettato. Es.: *era molto arrabbiata, non gli aveva ancora perdonato le sue parole.*

Note

quell'uomo. Ma io ero come paralizzata e non riuscivo a parlare. Alla fine, levandosi il sigaro di bocca, Fellini **scoppiò a ridere**:

- Ah, ah, ma questa sembra la storia del film! - disse.

- Io so soltanto una cosa: ieri notte ho visto il corpo di Marcello Mastronardi e vi assicuro che non era un film.

- Lei è passato nella piazza?

- Sì, e con me c'era anche questa ragazza. - il paparazzo guardò Nadia - Abbiamo trovato il corpo ma poi, quando sono tornato con la polizia, non c'era più niente. Qualcuno lo aveva portato via.

- Lo so, lo so... - disse Fellini sorridendo - Le spiego io cosa è successo: Lei ha visto un **manichino**.

- Eh?

- Sì, ha capito bene: un manichino.

Era proprio così. Nel film infatti Marcello interpretava la parte di un uomo che sogna di incontrare una donna misteriosa la quale, dopo **averlo sedotto**, lo uccide tagliandogli la testa. Una tipica storia felliniana, ricca di fantasia e di simbolismi (come, per esempio, quello strano tatuaggio). La sera prima, proprio nella piazza della Fontana di Trevi, avevamo girato la scena della morte di Marcello.

- Nelle immagini in cui appare senza testa, - concluse Fellini - abbiamo sostituito Mastronardi con un manichino. Ma ieri sera, dopo aver girato l'ultima scena, lo abbiamo dimenticato nella piazza, così è rimasto là per un po' di tempo. Gli uomini della troupe sono tornati a riprenderlo soltanto più tardi, quando si sono accorti dello sbaglio. Come vede non c'è nessun morto, e né Sophia né il suo autista sono degli assassini.

---

scoppiò a ridere: esplose a ridere, cominciò a ridere in modo rumoroso. Es.: *sentendo quelle battute, tutto il pubblico scoppiò a ridere.*

manichino: copia in plastica del corpo umano.

averlo sedotto (inf. sedurre): averlo conquistato, averlo fatto innamorare.

Note

- Non riesco a crederci. È andata proprio così?

- Esattamente.

- E le foto che ho fatto a quel manichino? Chi le ha sostituite con quelle della signora Loretti?

- Per favore, stia zitto. - dissi. - Non parli di quelle foto davanti a tutti...

Il paparazzo restò in silenzio. Nadia, però, senza preoccuparsi delle mie parole, spiegò cos'era successo:

- Nessuno le ha sostituite. Le foto alla signora Loretti le ho fatte io, e così ho finito la pellicola. Per questo le altre non sono venute.

- Cosa? Vuoi dire che quando ho fotografato il manichino nella piazza la pellicola era già finita?

- Sì, avrei voluto parlartene prima ma...

A quel punto Fellini fermò la discussione:

- Adesso basta. Si è già perso troppo tempo, è ora di lavorare. Preparatevi per la prossima scena. Tra un minuto si comincia.

- Ma non c'è Mastronardi, senza di lui non possiamo. - disse qualcuno.

- Già, perché non arriva?

Tutti sembrarono preoccupati ed anch'io per un momento pensai che le parole del paparazzo fossero vere.

"Forse Marcello è davvero morto." - mi dissi.

Ma il suono di un **clacson**, proprio dietro di noi, ci levò ogni incertezza: era Marcello che, sopra la sua spider rossa, stava arrivando in quel momento sul set.

Quel giorno dovevamo girare la prima scena del film, quella in cui Marcello e la donna misteriosa (interpretata da me) si incontrano. Lavorammo fino a tardi, poi ce ne tornammo tutti a casa.

clacson

Note

EPILOGO

PAOLO

"È arrivata l'estate." - mi dissi.

Il vento caldo di luglio, mentre guidavo per le vie del centro, mi passava sopra i capelli. Il sole era alto nel cielo, la sua luce chiara e violenta batteva con forza su chiese e palazzi. All'angolo della strada un vecchio vendeva gelati ai pochi passanti.

La città era deserta. In quei giorni tutta l'Italia impazziva per le Olimpiadi e le **imprese** di Livio Berruti tenevano la gente davanti ai televisori: proprio a Roma, per la prima volta nella storia, un italiano aveva vinto la finale dei duecento metri.

Fermai la Vespa davanti alla scalinata. Vestita di bianco, con gli occhiali da sole e un rosso foulard sulla testa, Nadia mi stava aspettando, ed era bella e **seducente** come una diva hollywoodiana.

Salutandomi con un sorriso, salì sulla moto e mi abbracciò. Poi partimmo verso il mare.

Adesso Nadia era contenta, il film con Fellini era finito da poco e già un altro grande regista come Luchino Visconti le aveva chiesto di lavorare con lui.

Io ero diventato un fotografo importante: per la pellicola non avevo

---

imprese: le azioni, qui usato nel senso di vittorie. Es.: *ho letto un libro che parla delle imprese di Giulio Cesare.*

seducente: attraente, interessante, sexy. Es.: *quella donna è molto seducente, mi sono innamorato di lei in un minuto.*

voluto niente e la Loretti, per ringraziarmi, si era fatta fotografare **in esclusiva**. Era stato un successone: complimenti del direttore, aumento dello stipendio e, soprattutto, un lavoro migliore. Le notti da paparazzo nei locali di via Veneto erano ormai solo un ricordo.

Con Nadia andava tutto benissimo. Da tre mesi uscivamo insieme, eravamo felici e ci volevamo bene. La vita, in quei magici giorni d'estate, sembrava dolce come un bel sogno.

FINE

in esclusiva: soltanto da lui.

Note

Scheda

INTERVISTA SUL CINEMA ITALIANO

Intervistatore: Signore e signori, buonasera. Oggi al Festival di Venezia era la giornata dei film italiani. Siamo venuti davanti al Palazzo del Cinema per ascoltare le opinioni del pubblico. Ecco il primo spettatore che esce... Mi scusi, solo un minuto: com'è andata?

Spettatore: Bene, perché?

Int.: Ci dica qualcosa sui film. Qual era il più interessante, secondo Lei?

Spett.: Io veramente sono venuto a trovare Teresa, la mia fidanzata, che lavora alla biglietteria. I film non li ho visti.

Int.: Non ne ha visto neanche uno?

Spett.: No, gliel'ho detto.

Int.: Va be', non fa niente. Grazie e arrivederci.

Spett.: Un momento, siete della televisione?

Int.: Sì, siamo della RAI. Ma adesso, per favore, si tolga da lì. Dobbiamo fare le interviste con il pubblico.

Spett.: Eccomi, sono pronto. Mi faccia la prima domanda.

Int.: Ma cosa ha capito... Non è con Lei che voglio parlare. Vada via, per favore.

Spett.: Mi dispiace, ma io da qui non mi muovo. E' stato Lei a fermarmi e adesso mi fa l'intervista. Avanti, mi chieda qualcosa.

Int.: Se ne vada.

Spett.: Vuole che mi metta a urlare?

Int.: No, no, La prego... Niente scandali.

Spett.: Allora mi faccia quest'intervista! Forza!

Int.: E va bene, stia calmo però. Le piace il nuovo cinema italiano?

Spett.: Il nuovo cinema italiano? E dov'è?

Int.: Se Lei andasse al cinema, non me lo chiederebbe. Oggi ci sono molti buoni registi: Giuseppe Tornatore, Gabriele Salvatores, Nanni Moretti...

Spett.: Non li conosco.

Int.: Si informi, allora. Giuseppe Tornatore con il film "*Nuovo cinema paradiso*" e Gabriele Salvatores con il film "*Mediterraneo*" hanno vinto anche un Oscar. E Nanni Moretti è stato premiato in molti festival in Italia e all'estero. Ormai sono dei grandi registi internazionali.

Spett.: Non dica sciocchezze. De Sica, Rossellini, Visconti, Fellini... Ecco quali sono i grandi registi. Certo non questo Gianni Moretti.

Int.: Si chiama Nanni, non Gianni.

Spett.: Nanni o Gianni per me è lo stesso. Non vale niente.

Int.. Come fa a dirlo se non lo conosce? E poi, mi scusi: il cinema di cui Lei parla, adesso non c'è più. Quei registi ormai sono tutti morti.

Spett.: E allora? Non lo sa che l'arte, quando è grande, è immortale? Prenda un film come "*Ladri di biciclette*", di Vittorio De Sica. E' la storia...

Int.: Lo so, lo so... E' la storia di un operaio disoccupato a cui viene rubata la bicicletta.

Spett.: Esatto. Il film è tutto qui. Non c'è nient'altro. Eppure, partendo da questo piccolo fatto, De Sica «*riesce a fare un'opera ricca di poesia e di emozione. Attraverso la storia personale del protagonista, ci parla dell'Italia del dopoguerra e dei grandi problemi che il paese vive in quel periodo: la povertà, la disoccupazione, l'ingiustizia sociale...*»

Int.: Mi scusi, ma Lei parla come un libro stampato!

Note

Spett.: Sì, è vero. Ho letto tutto su un libro a casa della mia fidanzata, che studia cinema all'università. Il film non l'ho visto.

Int.: Non l'ha visto?

Spett.: No, però dev'essere bello. Anzi, il libro dice che è proprio un capolavoro e che De Sica è un grande artista. Altro che Vanni Moretti...

Int.: Si chiama Nanni, non Vanni.

Spett.: Vanni o Nanni per me è uguale. Le cose non cambiano... Vuole sapere che cosa dice ancora quel libro?

Int.: E va bene.

Spett.: Dice che in quel periodo in Italia c'era un altro regista che faceva film molto belli: si chiamava Roberto Rossellini.

Int.: Rossellini, certo. Lei ha visto qualche suo film?

Spett.: No, ma il libro parla di "*Roma città aperta*", il suo capolavoro.

Int.: È un film che racconta dell'occupazione di Roma da parte dei tedeschi.

Spett.: Esatto. Il libro dice che nessun romanzo o **saggio** di storia ci ha raccontato meglio quei tragici giorni. Infine dice che sebbene quel cinema fosse fatto con pochi soldi e senza attori famosi, era pieno di idee e di poesia, perché mostrava situazioni reali, proprio come quelle della vita. Questo mi piace.

Int.: Ho capito, Lei sta parlando del neorealismo.

Spett.: Il neo cosa?

Int.: Neorealismo. È così che è stato chiamato il cinema di De Sica e Rossellini.

Spett.: Ah, non lo sapevo.

Int.: Adesso lo sa. Va bene, e a parte il neorealismo, Le piace nient'altro?

Spett.: Certo, mi piace Teresa.

Int.: Chi?

---

saggio: libro scientifico. Es.: *ho letto un bellissimo saggio sulla filosofia greca.*

Note

Spett.: Teresa, la mia fidanzata.

Int.: Ma cosa ha capito... Volevo dire: tra i registi italiani.

Spett.: Ah, dunque... Sì, sono un grande ammiratore di Federico Fellini. I suoi film li ho visti davvero tutti: "*La strada*", "*Le notti di Cabiria*", "*Otto e mezzo*", "*Amarcord*" e poi "*La dolce vita*", il mio preferito. Se lo ricorda?

Int.: Naturalmente, è un film che è entrato nella storia del cinema. La scena in cui Marcello Mastroianni e Anita Ekberg fanno il bagno nella Fontana di Trevi è indimenticabile.

Spett.: Sono d'accordo. E anche le immagini della Roma degli anni sessanta, via Veneto, i paparazzi... Il libro dice che è stato proprio Fellini ad inventare questa parola, così come l'espressione "dolce vita".

Int.: Guardi che lo so benissimo. La lingua italiana ha preso molte espressioni dal cinema di Fellini. La parola "vitellone", ad esempio, è stato lui il primo ad usarla.

Spett.: E' vero, "*I vitelloni*" è il titolo di un suo film. Parla di un gruppo di giovani di provincia che passa il tempo a divertirsi, pensando solo al mangiare, al bere e alla bella vita. Vitelloni, appunto: gente che non ha voglia di far niente e che vive **sulle spalle degli altri**.

Int.: Conosce qualche altra parola felliniana?

Spett.: L'espressione "amarcord", che Fellini ha usato come titolo di un altro suo famosissimo film. La storia è una serie...

Int.: La conosco... E' una serie di ricordi dell'infanzia del regista nella Romagna degli anni trenta, quando in Italia c'era ancora il fascismo.

Spett.: Giusto. Infatti "amarcord" è un'espressione romagnola che vuol dire "mi ricordo"; ma da quando l'ha usata Fellini è entrata a far parte anche dell'italiano, con il significato di "ritorno al passato, memoria di un tempo che non c'è più."

---

sulle spalle degli altri: a spese degli altri, senza dare nessun aiuto. Es.: *Mario non ha mai lavorato: è sempre vissuto sulle spalle degli altri.*

Note

Dal film *"La dolce vita"* di Federico Fellini: il famoso bagno di Anita Ekberg nella Fontana di Trevi.

Int.: Vedo che Lei è molto preparato.

Spett.: Grazie.

Int.: E oltre a Fellini, Le piace qualche altro regista?

Spett.: Sì, Luchino Visconti e Michelangelo Antonioni.

Int.: Effettivamente sono due grandi artisti del nostro cinema.

Spett.: Luchino Visconti è «*l'autore* **raffinato** *di capolavori come "Ossessione", "Rocco e i suoi fratelli", "Bellissima" e "Morte a Venezia". Mentre Antonioni, forse il più intellettuale dei nostri registi, ci ha dato film come "L'avventura", "La notte" e "L'eclisse", tutti sul tema dell'incomunicabilità dei sentimenti umani*».

Int.: Lei ha ripreso a parlare come un libro stampato.

Spett.: Ha ragione, ma quando leggo qualcosa è difficile che me la dimentichi: ho una **memoria di ferro**.

Int.: Questo l'avevo capito... D'accordo, andiamo avanti: e poi?

Spett.: E poi cosa?

Int.: Non ha altre preferenze?

Spett.: Sì, naturalmente mi piacciono tutte le commedie degli anni sessanta e settanta, quelle con Alberto Sordi, Vittorio Gasman, Ugo Tognazzi...

Int.: Ho capito: Le piace la commedia all'italiana.

Spett.: Sì, «*quei film ironici e divertenti che, seppur in modo leggero, propongono un'analisi critica della società. Attraverso di essi è possibile farsi un'idea molto precisa di venti anni di storia italiana. Questo cinema infatti ci ha raccontato tanto l'Italia del boom, con le sue speranze e le sue illusioni, quanto l'Italia della crisi, con le sue*

---

raffinato: elegante, sofisticato.

memoria di ferro: memoria molto buona. Es.: *Cristina ha una memoria di ferro: si ricorda sempre tutto.*

disillusioni. Protagonista delle storie è sempre l'italiano medio, di cui si rappresentano **senza falsi pudori** *le qualità e i* **difetti**».

Int.: Va bene, va bene, mi sembra che sia abbastanza.

Spett.: Aspetti, non vuole che Le parli del western all'italiana?

Int.: Eh?

Spett.: Sì, il western all'italiana o spaghetti western, il genere inventato da Sergio Leone sul modello del western americano. Sono i miei film preferiti: hanno avventura, suspense e soprattutto molta ironia.

Int.: Mi dispiace, penso che sia meglio finire qui. Si è fatto tardi.

Spett.: Un momento, mi faccia ancora qualche altra domanda, La prego.

Int.: Le ho detto di no.

Spett.: Ma non Le ho ancora parlato del film storico all'italiana e del **cinema dei telefoni bianchi**!

Int.: Non fa niente, l'intervista è venuta bene così.

Spett.: Davvero?

Int.: Sì, è perfetta.

Spett.: Allora, venga che Le offro un caffè. E Le presento anche Teresa, la mia fidanzata: vedrà, è bellissima.

---

senza falsi pudori: senza moralismi, in modo obiettivo.

difetti: caratteristiche negative, vizi. *Es.: Giorgio ha due difetti: parla troppo e ascolta poco.*

cinema dei telefoni bianchi: le commedie sentimentali degli anni trenta e quaranta.

Esercizi di comprensione

PAOLO

CAP I

1) Paolo si è avvicinato alla ragazza perché
   a) la conosceva e le voleva parlare
   b) la voleva aiutare
   c) la voleva fotografare

CAP II

1) Nadia ha detto di
   a) essersi sentita male per il caldo
   b) essersi sentita male per il freddo
   c) aver avuto un incidente

2) Il paparazzo è una persona che
   a) fa molte battute
   b) beve molto
   c) fotografa gli attori

CAP III

1) Davanti alla Fontana di Trevi Paolo
   a) ha cercato di saperne di più su Nadia
   b) ha proposto a Nadia di fare un bagno
   c) ha parlato di sé

Note

CAP IV

1) Davanti al corpo senza testa la prima reazione di Paolo è stata di
   a) fare delle fotografie per il giornale
   b) scappare
   c) andare alla polizia

CAP V

1) Parlando con il poliziotto Paolo
   a) è rimasto calmo
   b) si è innervosito
   c) si è divertito

2) Il poliziotto ha pensato che Paolo
   a) avesse visto davvero il corpo senza testa
   b) avesse bevuto
   c) fosse pazzo

CAP VI

1) Paolo non ha capito perché ci fossero
   a) solo le foto della Loretti
   b) solo le foto del corpo
   c) le foto della Loretti invece di quelle del corpo

CAP VII

1) Dopo aver parlato con Silvestrini, Paolo
   a) ha continuato a pensare a uno sbaglio nello sviluppo
   b) ha continuato a non capire
   c) si è convinto di aver immaginato tutto

Note

CAP VIII

1) All'appuntamento a piazza di Spagna Nadia
   a) è arrivata prima di Paolo
   b) è arrivata dopo mezz'ora
   c) non si è presentata

NADIA

CAP I

1) Nadia era in mezzo alla strada perché
   a) si era sentita male per il freddo
   b) si era sentita male per il caldo
   c) voleva uccidersi

CAP II

1) Le foto a Sophia Loretti le ha fatte
   a) Nadia
   b) Paolo
   c) un paparazzo

CAP III

1) Nadia non ha aspettato Paolo perché
   a) ha voluto fargli uno scherzo
   b) era arrabbiata
   c) ha avuto paura

CAP IV

1) Invece di andare a piazza di Spagna Nadia
   a) è andata a Cinecittà
   b) è rimasta in albergo a dormire
   c) è tornata alla Fontana di Trevi

Note

2) Prima di uscire Nadia
   a) ha telefonato al giornale per avvertire Paolo
   b) ha telefonato a Cinecittà per avvertire Fellini
   c) non ha fatto nessuna telefonata

PAOLO

CAP I

1) Paolo ha pensato che Orlando fosse
   a) l'autista di Sophia Loretti
   b) un amico di Nadia
   c) un pazzo

2) Sophia Loretti ha aspettato Paolo davanti al giornale per
   a) chiedergli la pellicola
   b) chiedergli le foto
   c) parlare di cinema

CAP II

1) Vedendo il tatuaggio Paolo ha capito che
   a) l'uomo senza testa era solo una sua fantasia
   b) l'uomo senza testa era un amico di Silvestrini
   c) l'uomo senza testa e l'amico della Loretti erano la stessa persona

Note

SOPHIA LORETTI

CAP I

1) Quando Marcello Mastronardi l'ha invitata a bere qualcosa, Sophia Loretti
    a) ha accettato volentieri perché erano diventati amici
    b) ha accettato volentieri perché era innamorata di lui
    c) gli ha dato uno schiaffo perché era arrabbiata con lui

CAP II

1) La mattina dopo Sophia Loretti ha chiamato Orlando per
    a) dare una lezione a Marcello Mastronardi
    b) farsi accompagnare al giornale
    c) dare una lezione al paparazzo

2) Sophia Loretti è riuscita ad avere le foto
    a) grazie alla gentilezza del direttore
    b) grazie alla sua bellezza
    c) pagando

CAP III

1) Paolo è andato a Cinecittà perché
    a) aveva deciso di vendere la pellicola a Sophia Loretti
    b) pensava che Sophia Loretti sapesse qualcosa della morte di Mastronardi
    c) voleva parlare con Nadia

2) Sophia Loretti
    a) ha detto ad Orlando di uccidere Mastronardi
    b) ha ucciso Mastronardi
    c) non sapeva niente di quella storia

Note

3) La sera prima Mario
   a) ha visto veramente il corpo di Mastronardi
   b) ha visto solo un manichino
   c) ha immaginato tutto perché aveva bevuto

4) Le foto della piazza
   a) sono state sostituite
   b) non sono venute perché quando Paolo le ha fatte la pellicola era già finita
   c) non sono venute perché c'è stato uno sbaglio nello sviluppo

EPILOGO - PAOLO

1) Dopo tre mesi Paolo
   a) faceva ancora il paparazzo
   b) non faceva più il paparazzo
   c) non faceva più il fotografo

2) In quei giorni d'estate
   a) Paolo e Nadia erano felici
   b) Paolo e Nadia avevano ancora molti problemi
   c) Nadia era contenta, Paolo invece aveva ancora molti problemi

ESERCIZI

1. Completa con le preposizioni

PAOLO RACCONTA:

"Quella sera il giornale mi aveva chiesto alcune foto ____ la pagina ____ spettacoli. Così ero salito ____ mia Vespa e avevo fatto il giro ____ locali ____ via Veneto ____ ricerca ____ qualche personaggio famoso. Non era difficile trovarne: ____ quegli anni Roma era la capitale ____ cinema e via Veneto era la strada preferita ____ artisti. ____ bar e ____ ristoranti s'incontravano donne bellissime e attori ____ successo, scrittori e registi. Perciò ero riuscito ____ fare molte foto. Poi, mentre tornavo ____ casa, avevo visto la ragazza. Distesa ____ mezzo ____ strada, ____ gli occhi chiusi e il viso pallido, sembrava morta. Era vestita ____ modo elegante, ____ un abito che le lasciava scoperte le spalle. ____ inizio avevo pensato ____ un incidente, ma ____ via non c'erano macchine e tutto sembrava tranquillo".

2. Completa con i verbi

NADIA RACCONTA:

"Quella sera, avendo deciso di _____ finita, mi _____ in mezzo alla strada e avevo aspettato che _____ una macchina. Non ne _____ più di

quella vita infelice. Ero venuta a Roma _____ di diventare
una grande attrice e invece, dopo tre mesi, ero ancora senza lavoro.
Per fortuna, prima che _____ troppo tardi, Paolo si era
fermato e mi _____ in un locale di via Veneto. Era stato
molto gentile, tuttavia la storia della primavera non lo _____.
Era troppo assurda: neanch'io, se me l'_____ ci
_____. Infine, dopo _____ le musiche suonate
dall'orchestra, _____ dal locale per fare una passeggiata".

3. Completa con i sostantivi

SOPHIA LORETTI RACCONTA:

"Quella sera, dopo aver girato l'ultima _____, Marcello
mi aveva invitata a bere un _____. Avevamo fatto una
_____ fino a via Veneto ed eravamo entrati in un
_____. Marcello era stato molto spiritoso: aveva scherzato
tutto il tempo dicendo una _____ dietro l'altra. Poi,
davanti a tutta quella gente, mi aveva sorpresa con un
_____. Prima che potessi reagire, un _____
aveva avuto il tempo di fotografarci. Così, quando Marcello era
venuto a scusarsi, gli avevo dato uno _____ e me ne ero
tornata a casa. La mattina dopo avevo chiamato Orlando, il mio
_____ dalla _____ pelata, e gli avevo chiesto di
aiutarmi. Infatti, se mio _____ avesse visto quelle foto,
sarebbe successo uno _____".

4. Metti al discorso indiretto.
Es.: Il poliziotto ha chiesto a Paolo di .....

> Poliziotto: - Mi racconti che cosa è successo.
> Paolo: - Stasera io e la mia amica abbiamo fatto una passeggiata fino alla Fontana di Trevi. Siamo entrati nell'acqua, ma proprio mentre eravamo là dentro abbiamo sentito un rumore. Poi, quando siamo usciti, abbiamo trovato un corpo senza testa.
> Poliziotto: - E la sua amica adesso dov'è? Perché non è venuta anche lei al commissariato?
> Paolo: - Non lo so.
> Poliziotto: - Forse Lei farebbe meglio ad andare a dormire. Così domani non ci penserà più.
> Paolo: - Ma questa è la verità! C'è un corpo senza testa nella piazza!

5. Unisci tra loro gli aggettivi che hanno lo stesso significato

seducente	irritante
vago	allegro
esasperante	attraente
infelice	arrabbiato
vivace	bianco
furioso	confuso
ipocrita	sorprendente
pallido	triste
inaspettato	falso

PER LA DISCUSSIONE IN CLASSE

1) Che cos'è la dolce vita?

2) Com'è la vita notturna nella tua città?

3) Come sono stati gli anni sessanta nel tuo paese?

4) Qual è il film più bello che tu abbia mai visto? Raccontane la storia e spiega perché ti è piaciuto.

5) Conosci il cinema italiano? Quali film hai visto?

Fai un riassunto del racconto, mettendo in ordine cronologico le azioni dei tre personaggi principali (Paolo, Nadia e Sophia Loretti).

Note

Esercizi di comprensione - SOLUZIONI

PAOLO

CAP I: 1)b
CAP II: 1)a; 2)c
CAP III: 1)a
CAP IV: 1)b
CAP V: 1)b; 2)b
CAP VI: 1)c
CAP VII: 1)b
CAP VIII: 1)c

NADIA

CAP I: 1)c
CAP II: 1)a
CAP III: 1)c
CAP IV: 1)a; 2)a

PAOLO

CAP I: 1)c; 2)a
CAP II: 1)c

SOPHIA LORETTI

CAP I: 1)a
CAP II: 1)b; 2)c
CAP III: 1)b; 2)c; 3)b; 4)b

EPILOGO - PAOLO

1)b; 2)a

Esercizi - SOLUZIONI

1. Completa con le preposizioni: per, degli, sulla, dei, di, alla, di, in, del, dagli, Nei, nei, di, a, a, in, alla, con, in, con, All', ad, nella.

2. Completa con i verbi: farla, ero distesa, passasse (arrivasse), potevo, sognando, fosse, aveva accompagnato/a, aveva convinto, avessero raccontata, avrei creduto, aver ballato, eravamo usciti.

3. Completa con i sostantivi: scena, bicchiere, passeggiata, locale, battuta, bacio, paparazzo, schiaffo, autista, testa, marito, scandalo.

4. Metti al discorso indiretto*:

Il poliziotto ha chiesto a Paolo di raccontargli che cosa fosse successo.

Paolo gli ha detto che quella sera lui e la sua amica avevano fatto una passeggiata fino alla Fontana di Trevi, erano entrati nell'acqua ma, proprio mentre erano là dentro, avevano sentito un rumore; poi, quando erano usciti, avevano trovato un corpo senza testa.

Allora il poliziotto ha domandato a Paolo dove fosse in quel momento la sua amica e perché non fosse andata anche lei al commissariato.

Paolo gli ha risposto di non saperlo.

Infine il poliziotto ha detto a Paolo che forse avrebbe fatto meglio ad andare a dormire, così il giorno dopo non ci avrebbe più pensato.

Ma Paolo gli ha gridato che quella era la verità e che c'era un corpo senza testa nella piazza.

**Questa è una possibile soluzione, ma altre possono essere ugualmente corrette.*

5. **Unisci gli aggettivi**:

seducente/attraente
vago/confuso
esasperante/irritante
infelice/triste
vivace/allegro
furioso/arrabbiato
ipocrita/falso
pallido/bianco
inaspettato/sorprendente.

Indice

la Cittadina - azienda grafica
Gianico (Bs)